Matthias Fiedler

Idea innowacyjnego wyszukiwania nieruchomości: bardzo proste pośrednictwo w wynajmie nieruchomości

Wyszukiwanie nieruchomości: skuteczne, proste i profesjonalne pośrednictwo w wynajmie nieruchomości za pośrednictwem innowacyjnego portalu dobierania odpowiednich nieruchomości

Impressum

1. wydanie jako Print-Buch | luty 2017 r.
(oryginalnie opublikowano w języku niemieckim, grudzień 2016 roku)

© 2016 Matthias Fiedler

Matthias Fiedler
Erika-von-Brockdorff-Str. 19
41352 Korschenbroich
Niemcy
www.matthiasfiedler.net

Produkcja i wydruk:
patrz nadruk na ostatniej stronie

Projekt okładki: Matthias Fiedler
Przygotowanie wersji elektronicznej: Matthias Fiedler

ISBN-13 (Paperback): 978-3-947082-18-6
ISBN-13 (e-book mobi): 978-3-947082-19-3
ISBN-13 (e-book epub) 978-3-947082-20-9

Informacje bibliograficzne niemieckiej Biblioteki Narodowej:
Niemiecka Biblioteka Narodowa odnotowuje niniejszą publikację w niemieckiej bibliografii narodowej; szczegółowe dane bibliograficzne są dostępne w internecie na stronie http://dnb.d-nb.de.

STRESZCZENIE

Niniejszy podręcznik jest poświęcony rewolucyjnej koncepcji światowego portalu wyszukiwania nieruchomości (aplikacja) wraz z obliczeniem znacznego potencjału obrotów (miliardy euro), która jest zintegrowana z oprogramowaniem agenta nieruchomości wraz z wyceną nieruchomości (biliony euro potencjału obrotów).

W ten sposób nieruchomości mieszkaniowe i komercyjne, wykorzystywane dla własnej korzyści lub wynajmowane, można wynajmować skutecznie i szybko. Jest to przyszłość innowacyjnego i profesjonalnego pośrednictwa w wynajmie nieruchomości dla wszystkich agentów i interesantów nieruchomości. Wyszukiwanie nieruchomości funkcjonuje w kraju, jak również niemal wszystkich krajach.

Zamiast „doprowadzania" nieruchomości do kupca lub wynajmującego, interesanci są kwalifikowani na portalu wyszukiwania nieruchomości (profil wyszukiwania) oraz porównywani i kojarzeni z danymi nieruchomościami do wynajmu, którymi dysponuje agent.

SPIS TREŚCI

WSTĘP

W roku 2011 przemyślałem i opracowałem opisaną tutaj ideę innowacyjnego wyszukiwania nieruchomości.

Branżą nieruchomości zajmuję się od 1998 roku (obejmuje to m.in. pośrednictwo w wynajmie nieruchomości, zakup i sprzedaż, wycenę, wynajem i rozwój działki). Między innymi jestem realtorem (IHK), dyplomowanym ekonomem w zakresie nieruchomości (ADI), ekspertem do spraw wyceny nieruchomości (DEKRA), jak również członkiem uznanego w skali międzynarodowej zrzeszenia nieruchomości Royal Institution of Chartered Surveyors (MRICS).

Matthias Fiedler
Korschenbroich, 31.10.2016 r.
www.matthiasfiedler.net

1. Idea innowacyjnego wyszukiwania nieruchomości: bardzo proste pośrednictwo w wynajmie nieruchomości

Wyszukiwanie nieruchomości: skuteczne, proste i profesjonalne pośrednictwo w wynajmie nieruchomości za pośrednictwem innowacyjnego portalu dobierania odpowiednich nieruchomości

Zamiast „doprowadzania" nieruchomości do kupca lub wynajmującego, interesanci są kwalifikowani (profil wyszukiwania) na portalu wyszukiwania nieruchomości (aplikacja) oraz porównywani i kojarzeni z danymi nieruchomościami do wynajmu, którymi dysponuje agent.

2. Cele interesantów i oferentów nieruchomości

Z punktu widzenia sprzedawcy i wynajmującego duże znaczenie ma szybka sprzedaż lub wynajem nieruchomości za jak najwyższą cenę.

Z punktu widzenia kupującego lub interesanta ważne jest z kolei znalezienie nieruchomości spełniającej ich życzenia, jak również ich szybki i bezproblemowy zakup lub wynajem.

3. Dotychczasowy sposób postępowania podczas wyszukiwania nieruchomości

Z zasady interesanci szukają nieruchomości w żądanym regionie na dużych portalach nieruchomości online. Stamtąd, po ustaleniu krótkiego profilu wyszukiwania, mogą oni otrzymywać informacje o nieruchomościach lub listę z łączami do określonych nieruchomości na skrzynkę pocztową. Często odbywa się to jednocześnie na 2-3 portalach nieruchomości. Nawiązując do kontakt z oferentem odbywa się z zasady za pośrednictwem poczty elektronicznej. W ten sposób oferenci mają możliwość kontaktu z interesantami.

Ponadto interesanci kontaktują się z poszczególnymi agentami nieruchomości w żądanym regionu i przedkładają profil wyszukiwania.

Oferenci na portalach nieruchomości to oferenci prywatni i komercyjni. Komercyjni oferenci to przeważnie agenci i częściowo przedsiębiorstwa budowlane, sprzedawcy nieruchomości i inne przedsiębiorstwa nieruchomości (w tekście oferentami komercyjnymi określani są maklerzy nieruchomości).

4. Niekorzyść prywatnego oferenta/ korzyść agenta nieruchomości

W przypadku zakupu nieruchomości przez nabywców prywatnych natychmiastowy zakup nie jest zawsze gwarantowany, ponieważ przykładowo brakuje zgody lub stwierdzenia nabycia spadku przez strony dziedziczące. Ponadto, zakup mogą utrudnić niejasne prawne kwestie, jak na przykład prawo do zamieszkania.

W przypadku wynajmu nieruchomości, może się zdarzyć, że prywatny wynajmujący nie uzyskał urzędowej zgody, na przykład, jeśli lokal (powierzchnia) użytkowy ma być wynajmowany jako mieszkanie.

Kiedy agent nieruchomości działa jako oferent, zazwyczaj wyjaśnia powyższe aspekty. Ponadto najczęściej gotowe są wszystkie odpowiednie dokumenty nieruchomości (plan, lokalizacja, świadectwo charakterystyki energetycznej, ewidencja gruntu, dokumenty urzędowe itd.). –

Umożliwia to szybką i nieskomplikowaną sprzedaż lub wynajem nieruchomości.

5. Wyszukiwanie nieruchomości

Aby umożliwić szybki i skuteczny kontakt między interesantami i sprzedawcami lub wynajmującymi, ogólnie rzecz biorąc zaleca się usystematyzowany i profesjonalny sposób podejścia.

Odbywa się to poprzez odwrotnie ustalony sposób postępowania lub proces wyszukiwania i znajdowania nieruchomości między agentem i interesantami. Oznacza to, że zamiast „doprowadzania" nieruchomości do kupca lub wynajmującego, interesanci są kwalifikowani (profil wyszukiwania) na portalu wyszukiwania nieruchomości (aplikacja) oraz porównywani i kojarzeni z danymi nieruchomościami do wynajmu, którymi dysponuje agent.

W pierwszym kroku interesanci tworzą profil wyszukiwania na portalu wyszukiwania nieruchomości. Niniejszy profil wyszukiwania obejmuje ok. 20 informacji. Między innymi poniższe informacje (bez pełnego wypełniania) mają duże znaczenie dla profilu wyszukiwania.

- Region/ kod pocztowy/ miejscowość
- Rodzaj obiektu
- Wielkość działki
- Powierzchnia mieszkania
- Cena zakupu/ wynajmu
- Rok produkcji
- Piętro
- Liczba pokoi
- Wynajęte (tak/ nie)
- Piwnica (tak/ nie)
- Balkon/ taras (tak/ nie)
- Rodzaj ogrzewania
- Miejsce parkingowe (tak/ nie)

Istotne jest przy tym, aby nie podawać informacji samodzielnie, ale wybierać je klikając lub otwierając odpowiednie pole wyboru (np. rodzaj obiektu) z listy podanych możliwości/ opcji (np.

w przypadku rodzaju obiektu: mieszkanie, dom jednorodzinny, hala magazynowa, biuro itd.).

Opcjonalnie interesanci mogą przedłożyć dalsze profile wyszukiwania. Istnieje również możliwość zmiany profilu wyszukiwania.

Ponadto interesanci wpisują w podanych polach pełne dane kontaktowe. Należą do nich imię i nazwisko, ulica, numer domu, kod pocztowy, miejscowość, telefon i adres e-mail.

W związku z tym interesanci wyrażają swoją zgodę na przekazanie danych kontaktowych i przesyłanie odpowiednich ofert nieruchomości ze stron agenta nieruchomości.

Ponadto interesanci podpisują umowę z użytkownikiem portalu wyszukiwania nieruchomości.

W następnym kroku powiązani agenci nieruchomości mają do dyspozycji profile wyszukiwania, jeszcze nie widoczne, przez interfejs programowania (API – Application Programming Interface) – do porównywania ofert jak przykładowo interfejs programowania „openimmo" w Niemczech. W tym celu należy zaznaczyć, że interfejs programowania – niczym klucz do realizacji – powinien być obsługiwany przez blisko każde oprogramowanie agenta nieruchomości w biurze lub gwarantować transmisję danych. Jeśli nie, należy to technicznie umożliwić. – Ponieważ istnieją już w praktyce interfejsy programowania, takie jak wymieniony wyżej interfejs „openimmo" itp., transmisja danych powinna być już możliwa.

Teraz agenci nieruchomości porównują udostępnione nieruchomości z profilami wyszukiwania. W tym celu nieruchomości są zamieszczane na portalu wyszukiwania nieruchomości, aby umożliwić porównanie i skojarzenie odpowiednich informacji.

Po zakończonym porównaniu pojawia się wyszukana nieruchomość z odpowiednimi danymi procentowymi. – Profile wyszukiwania w oprogramowaniu agenta nieruchomości wyświetlane są przykładowo od 50%.

Ważone są przy tym pojedyncze informacje (system punktowy), aby po ich porównaniu zapewnić wynik procentowy wyszukiwania (prawdopodobieństwo zgody). – Przykładowo informacja „rodzaj obiektu" jest ważniejsza niż „powierzchnia mieszkaniowa". Ponadto można wybrać określone informacje (np. piwnica, które są istotne dla tej nieruchomości.

W trakcie porównania informacji należy zwrócić przy tym uwagę na to, aby agenci nieruchomości mieli dostęp wyłącznie do żądanych (zarezerwowanych) regionów. Redukuje to czas porównania danych. Zwłaszcza, że niektórzy agenci działają często regionalnie. – Należy zaznaczyć, że zapis i edycja dużych ilości danych możliwa jest dzisiaj za pomocą tak zwanej „chmury".

Aby zapewnić profesjonalne pośrednictwo w wynajmie nieruchomości, dostęp do profili wyszukiwania otrzymują tylko agenci nieruchomości.

W tym celu agenci nieruchomości podpisują umowę z użytkownikiem portalu wyszukiwania nieruchomości.

Po każdym porównaniu/ wyszukaniu agenci nieruchomości powinni skontaktować się z interesantami i odwrotnie interesanci z agentami. Oznacza to również, że po przesłaniu interesantowi oferty przez agenta nieruchomości, udokumentowany zostaje dowód działania lub roszczenie agenta nieruchomości do prowizji w przypadku zakupu lub wynajęcia nieruchomości.

Zakłada to, że właściciel (sprzedawca lub wynajmujący) zleca agentowi nieruchomości pośrednictwo w wynajmie nieruchomości lub wyraża zgodę na oferowanie swojej nieruchomości.

6. Obszary zastosowania

Opisane tutaj wyszukiwanie nieruchomości ma zastosowanie w zakresie zakupu i wynajmu nieruchomości w sektorze mieszkaniowym i powierzchni komercyjnych. W przypadku nieruchomości komercyjnych wymagane są dodatkowe informacje o nieruchomości.

Po stronie interesanta, zależnie od przyjętej praktyki, może być również agent nieruchomości, jeśli jest on przykładowo zatrudniony przez klientów.

Odnośnie do zakresu zastosowania, portal wyszukiwania nieruchomości może działać niemal w każdym kraju.

7. Korzyści

Wyszukiwanie nieruchomości oferuje interesantom wiele korzyści, kiedy szukają oni nieruchomości przykładowo w swoim regionie (miejscu zamieszkania) lub w przypadku zawodowej zmiany w innym mieście/ regionie. Profil wyszukiwania tworzy się wyłącznie raz, po czym otrzymuje się od agenta oferty odpowiednich nieruchomości w żądanym regionie.

Agent nieruchomości odnosi z kolei duże korzyści ze względu na skuteczność i oszczędność czasu w zakresie zakupu i wynajmu. Otrzymuje on bezpośrednio przegląd wysokości potencjału konkretnych interesantów w odniesieniu do oferowanej przez niego nieruchomości.

Ponadto agenci nieruchomości mogą kontaktować się bezpośrednio z odpowiednimi grupami docelowymi, którzy wyrazili konkretne prośby podczas tworzenia profilu wyszukiwania (np. przesyłanie ofert nieruchomości).

W ten sposób zwiększa się jakość kontaktu z klientami, którzy wiedzą, czego oczekują. Dzięki temu ulega również redukcji liczba kolejnych terminów zwiedzania. – Umożliwia to skrócenie całego czasu udostępnienia nieruchomości przeznaczonej do wynajmu.

Po wizycie w nieruchomości przeznaczonej do wynajmu, interesant – jak zwykle – podpisuje umowę zakupu lub wynajmu.

8. Przykładowe szacowanie (potencjał) – tylko mieszkania i domy wykorzystywane na własne potrzeby (bez wynajmowanych mieszkań, domów czy nieruchomości komercyjnych)

Poniższy przykład przedstawia potencjał portalu wyszukiwania nieruchomości.

Na obszarze zamieszkanym przez 250 000 osób, jak miasto Mönchengladbach, statystycznie istnieje 125 000 gospodarstw domowych (2 mieszkańców na gospodarstwo). Średni wskaźnik przeprowadzek wynosi ok. 10%. W ten sposób co roku przeprowadza się 12 500 gospodarstw domowych. – Nie uwzględniono przy tym salda imigracji i emigracji z Mönchengladbach. – Z tego ok. 10 000 gospodarstw (80%) szuka nieruchomości do wynajęcia i ok. 2500 gospodarstw (20%) nieruchomości do zakupu.

Zgodnie z raportem branży nieruchomości komisji ekspertów miasta Mönchengladbach w 2012 roku zakupiono 2613 nieruchomości. – Potwierdza to powyższą liczbę 2500 osób zainteresowanych zakupem. W rzeczywistości jest ich więcej, ponieważ nie każdy interesant znalazł nieruchomość. Szacuje się, że liczba rzeczywistych interesantów lub konkretnych przypadku przekracza średni wskaźnik przeprowadzek o ok. 10%, co oznacza 25 000 profili wyszukiwania. Obejmuje to między innymi tworzenie większej liczby profilów wyszukiwania na portalu przez interesantów.

Warto jeszcze wspomnieć, że do tej pory doświadczenie wykazało, że około połowa wszystkich interesantów (kupujących i wynajmujących) znalazła swoje nieruchomości za pośrednictwem agenta nieruchomości, a więc łącznie 6250 gospodarstw domowych.

Z doświadczenia wynika, że przynajmniej 70% wszystkich gospodarstw domowych szukało nieruchomości w Internecie, a więc w sumie 8750 gospodarstw domowych (co odpowiada 17 500 profili wyszukiwania).

Jeśli 30% wszystkich interesantów, czyli 3750 gospodarstw domowych (co odpowiada 7500 profilom wyszukiwania) w mieście takim jak Mönchengladbach, utworzyło by profil wyszukiwania na portalu wyszukiwania nieruchomości (aplikacja), powiązani agenci nieruchomości mogliby rocznie zaoferować 1500 konkretnym profilom wyszukiwania (20%) nieruchomość do zakupu i 6000 profilom wyszukiwania (80%) nieruchomość do wynajmu.

Oznacza to, że podczas średniego czasu wyszukiwania wynoszącego 10 miesięcy i przy przykładowej cenie 50 euro miesięcznie na każdy założony profil wyszukiwania interesantów na 7500 profili wyszukiwania przypada potencjał obrotów w wysokości 3 750 000 euro rocznie w mieście z 250 000 mieszkańców.

Przy szacowaniu Republiki Niemiec z 80 000 000 (80 milionami) mieszkańców mamy do czynienia z potencjałem obrotów wielkości 1 200 000 000 euro (1,2 miliarda euro) rocznie. – Jeśli zamiast 30% wszystkich interesantów swojej nieruchomości szukałoby przez portal 40% wszystkich zainteresowanych, potencjał obrotów wzrósłby do 1 600 000 000 euro (1,6 miliarda euro) rocznie.

Niniejszy potencjał obrotów odnosi się wyłącznie do mieszkań i domów na własny użytek. Nieruchomości pod wynajem i inwestycyjne w sektorze nieruchomości mieszkaniowych i całym sektorze nieruchomości komercyjnych nie są uwzględnione w niniejszej kalkulacji potencjału.

Przy liczbie ok. 50 000 przedsiębiorstw w Niemczech w zakresie pośrednictwa w wynajmie nieruchomości (w tym przedsiębiorstwa budowlane, sprzedawcy nieruchomości i inne przedsiębiorstwa nieruchomości) z ok. 200 000 pracowników i przykładowym udział w wysokości 20% tych 50 000 przedsiębiorstw, które wykorzystują portal wyszukiwania nieruchomości na podstawie średnio 2 licencji, przy przykładowej cenie licencji 300 euro miesięcznie mamy do czynienia z potencjałem obrotów w wysokości 72 000 000 euro (72 milionów euro) rocznie. Ponadto powinno mieć miejsce regionalne księgowanie lokalnych profili wyszukiwania, dzięki czemu zależnie od organizacji można wygenerować dalszy znaczny potencjał obrotów.

Agenci nieruchomości w wyniku tak dużego potencjału interesantów z konkretnymi profilami wyszukiwania nie musieliby już więcej aktualizować stale swoich baz danych interesantów – o ile takie mają. Zwłaszcza, że liczba aktualnych profili wyszukiwania przekroczy prawdopodobnie znacznie liczbę profili wyszukiwania znajdujących się w bazach danych wielu agentów nieruchomości.

Jeśli ten innowacyjny portal wyszukiwania nieruchomości miałby być zastosowany w wielu krajach, osoby zainteresowane kupnem z Niemiec mogłyby utworzyć profil wyszukiwania mieszkań wakacyjnych nad śródziemnomorskiej Majorce (Hiszpania), a agenci nieruchomości z Majorki mogliby wówczas przedstawić niemieckim interesantom odpowiednie mieszkanie w formie elektronicznej. – Ponieważ przesłane oferty są napisane po hiszpańsku, interesanci mogą teraz w szybkim czasie przetłumaczyć je na język niemiecki za pomocą internetowego oprogramowania do tłumaczenia.

W celu wyszukiwania profili i realizacji transakcji wynajmu nieruchomości we wszystkich językach portal wyszukiwania nieruchomości umożliwia porównanie informacji na podstawie zaprogramowanych (matematycznie) danych – niezależnie od języka – poprzez przyporządkowanie odpowiedniego języka.

Poprzez wykorzystanie portalu wyszukiwania nieruchomości na wszystkich kontynentach przedstawiony potencjał obrotów (tylko poszukujący interesanci) przedstawiałby się na podstawie bardzo uproszonych kalkulacji w sposób następujący.

Ludność świata:
7 500 000 000 (7,5 miliarda) mieszkańców

1. Ludność w krajach przemysłowych i w znacznej mierze przemysłowych:
2 000 000 000 (2,0 miliardy) mieszkańców

2. Ludność w krajach wschodzących:

    4 000 000 000 (4,0 miliardy) mieszkańców

3. Ludność w krajach rozwijających się:

    1 500 000 000 (1,5 miliarda) mieszkańców

Roczny potencjał obrotów Republiki Niemiec w wysokości 1,2 miliarda euro przy 80 milionach mieszkańców jest przeliczany lub szacowany z następującymi podanymi wskaźnikami na kraje przemysłowe, wschodzące i rozwijające się.

1. Kraje przemysłowe: 1,0

2. Kraje wschodzące: 0,4

3. Kraje rozwijające się: 0,1

W ten sposób mamy następujący roczny potencjał obrotów (1,2 miliarda euro x ludność (kraje przemysłowe, wschodzące lub rozwijające się) / 80 milinów mieszkańców x wskaźnik).

1. Kraje przemysłowe: 30,00 miliardów euro

2. Kraje wschodzące: 24,00 miliardy euro

3. Kraje rozwijające się: 2,25 miliarda euro

   W sumie: **56,25 miliarda euro**

9. Podsumowanie

Przedstawiony portal wyszukiwania nieruchomości oferuje liczne istotne korzyści poszukującym (interesantom) i agentom nieruchomości.

1. Interesanci znacznie skracają czas poszukiwania odpowiednich nieruchomości, ponieważ tylko raz tworzą swój profil wyszukiwania.

2. Agenci nieruchomości uzyskują całościowy przegląd liczy interesantów z już konkretnymi życzeniami (profil wyszukiwania).

3. Interesanci otrzymują jedynie żądane i odpowiednie nieruchomości (zgodnie z profilem wyszukiwania) prezentowane przez wszystkich agentów nieruchomości (niemal automatycznie preselekcja).

4. Agenci nieruchomości redukują swoje nakłady pracy do dbania o indywidualną

bazę danych profilów wyszukiwania, ponieważ do dyspozycji jest stale wysoka liczba profili wyszukiwania.

5. Ponieważ do portalu wyszukiwania nieruchomości mają dostęp tylko komercyjni oferenci/ agenci nieruchomości, interesanci mają do czynienia wyłącznie z profesjonalnymi i często doświadczonymi pośrednikami.

6. Agenci nieruchomości redukują liczbę terminów wizyt i w sumie czas sprzedaży. W trakcie całego procesu również po stronie interesantów zmniejsza się liczba terminów wizyt i czas do chwili podpisania umowy zakupu lub wynajmu.

7. W ten sposób właściciele nieruchomości przeznaczonych do sprzedaży lub wynajmu również oszczędzają swój czas. Ponadto mniejsza liczba pustostanów i wcześniejsza płatność w wyniku

szybkiego wynajmu lub sprzedaży stanowi również korzyść finansową.

Realizacja i zastosowanie idei wyszukiwania nieruchomości oferuje znaczny postęp w zakresie pośrednictwa nieruchomości.

10. Włączenie portalu wyszukiwania nieruchomości w nowe oprogramowanie agenta nieruchomości wraz z wyceną nieruchomości

Na zakończenie warto dodać, że opisany tutaj portal wyszukiwania nieruchomości może lub powinien być od samego początku ważną częścią składową nowego – idealnie wykorzystywanego w skali światowej – oprogramowania agenta nieruchomości. Oznacza to, że agenci nieruchomości mogą korzystać z portalu wyszukiwania nieruchomości dodatkowo do używanego już przez nich oprogramowania agenta nieruchomości lub idealnie nowego oprogramowania agenta nieruchomości wraz z portalem wyszukiwania nieruchomości.

Poprzez włączenie skutecznego i innowacyjnego portalu agenta nieruchomości do własnego portalu wyszukiwania nieruchomości utworzony zostaje podstawowa unikatowa propozycja sprzedaży, która będzie znacząca dla penetracji rynku.

Ponieważ w pośrednictwie w wynajmie nieruchomości wycena nieruchomości zawsze jest i pozostaje ważną częścią składową, powinna być koniecznie zintegrowana z oprogramowaniem agenta nieruchomości jako podstawowe narzędzie. Wycena nieruchomości na podstawie odpowiednich metod obliczania może uzyskać dostęp do odpowiednich danych/ parametrów podanych/ przedłożonych nieruchomości agenta nieruchomości. Brakujące parametry uzupełnia w razie potrzeby agent nieruchomości, korzystając w tym celu z własnej regionalnej ekspertyzy rynku.

Ponadto oprogramowanie agent nieruchomości powinno mieć możliwość integracji tak zwanych wirtualnych kursów nieruchomości przeznaczonych do wynajmu. Można to przykładowo uprościć poprzez zainstalowanie na telefonie i/lub tablecie dodatkowej aplikacji, która po przejęciu wirtualnego kursu nieruchomości jest dalej automatycznie integrowana lub powiązana z oprogramowaniem agenta nieruchomości.

Wraz z powiązaniem skutecznego i innowacyjnego portalu wyszukiwania nieruchomości z nowym oprogramowaniem agenta nieruchomości wraz z wyceną nieruchomości wzrasta również znacznie tym samym możliwy potencjał obrotów.

Matthias Fiedler
Korschenbroich, 31.10.2016 r.

Matthias Fiedler
Erika-von-Brockdorff-Str. 19
41352 Korschenbroich
Niemcy
www.matthiasfiedler.net

www.ingramcontent.com/pod-product-compliance
Lightning Source LLC
Chambersburg PA
CBHW071526210326
41597CB00018B/2918